心一堂術數古籍珍本叢刊

書名：元祝垚歸厚錄批論
系列：心一堂術數古籍珍本叢刊　堪輿類　第三輯　341
作者：【清】元祝垚
主編、責任編輯：陳劍聰
心一堂術數古籍珍本叢刊編校小組：陳劍聰　素聞　鄒偉才　虛白盧主　丁鑫華

出版：心一堂有限公司
通訊地址：香港九龍旺角彌敦道六一〇號荷李活商業中心十八樓〇五—〇六室
深港讀者服務中心‧中國深圳市羅湖區立新路六號羅湖商業大廈負一層〇〇八室
電話號碼：(852)9027-7110
網址：publish.sunyata.cc
電郵：sunyatabook@gmail.com
網店：http://book.sunyata.cc
淘寶店地址：https://sunyata.taobao.com
微店地址：https://weidian.com/s/1212826297
臉書：https://www.facebook.com/sunyatabook
讀者論壇：http://bbs.sunyata.cc/

版次：二零二一年四月初版
平裝

定價：港幣　九十八元正
新台幣　三百九十八元正

國際書號：ISBN 978-988-8583-80-5

香港發行：香港聯合書刊物流有限公司
地址：香港新界荃灣德士古道二二〇—二四八號荃灣工業中心十六樓
電話號碼：(852)2150-2100
傳真號碼：(852)2407-3062
電郵：info@suplogistics.com.hk
網址：http://www.suplogistics.com.hk

台灣發行：秀威資訊科技股份有限公司
地址：台灣台北市內湖區瑞光路七十六巷六十五號一樓
電話號碼：+886-2-2796-3638
傳真號碼：+886-2-2796-1377
網絡書店：www.bodbooks.com.tw
台灣秀威書店讀者服務中心：
地址：台灣台北市中山區松江路二〇九號一樓
電話號碼：+886-2-2518-0207
傳真號碼：+886-2-2518-0778
網絡書店：http://www.govbooks.com.tw

中國大陸發行　零售：深圳心一堂文化傳播有限公司
深圳地址：深圳市羅湖區立新路六號羅湖商業大廈負一層〇〇八室
電話號碼：(86)0755-82224934

心一堂微店二維碼

心一堂淘寶店二維碼

心一堂術數古籍 珍本 整理 叢刊 總序

術數定義

術數，大概可謂以「推算（推演）、預測人（個人、群體、國家等）、事、物、自然現象、時間、空間方位等規律及氣數，並或通過種種『方術』，從而達致趨吉避凶或某種特定目的」之知識體系和方法。

術數類別

我國術數的內容類別，歷代不盡相同，例如《漢書‧藝文志》中載，漢代術數有六類：天文、曆譜、五行、蓍龜、雜占、形法。至清代《四庫全書》，術數類則有：數學、占候、相宅相墓、占卜、命書、相書、陰陽五行、雜技術等，其他如《後漢書‧方術部》、《藝文類聚‧方術部》、《太平御覽‧方術部》等，對於術數的分類，皆有差異。古代多把天文、曆譜、及部分數學均歸入術數類，而民間流行亦視傳統醫學作為術數的一環；此外，有些術數與宗教中的方術亦往往難以分開。現代民間則常將各種術數歸納為五大類別：命、卜、相、醫、山，通稱「五術」。

本叢刊在《四庫全書》的分類基礎上，將術數分為九大類別：占筮、星命、相術、堪輿、選擇、三式、讖諱、理數（陰陽五行）、雜術（其他）。而未收天文、曆譜、算術、宗教方術、醫學。

術數思想與發展——從術到學，乃至合道

我國術數是由上古的占星、卜筮、形法等術發展下來的。其中卜筮之術，是歷經夏商周三代而通過「龜卜、蓍筮」得出卜（筮）辭的一種預測（吉凶成敗）術，之後歸納並結集成書，此即現傳之《易

經》。經過春秋戰國至秦漢之際，受到當時諸子百家的影響、儒家的推祟，遂有《易傳》等的出現，原本是卜筮術書的《易經》，被提升及解讀成有包涵「天地之道（理）」之學。因此，《易・繫辭傳》曰：「易與天地準，故能彌綸天地之道。」

漢代以後，易學中的陰陽學說，與五行、九宮、干支、氣運、災變、律曆、卦氣、讖緯、天人感應說等相結合，形成易學中象數系統。而其他原與《易經》本來沒有關係的術數，如占星、形法、選擇，亦漸漸以易理（象數學說）為依歸。《四庫全書・易類小序》云：「術數之興，多在秦漢以後。要其旨，不出乎陰陽五行，生尅制化。實皆《易》之支派，傅以雜說耳。」至此，術數可謂已由「術」發展成「學」。

及至宋代，術數理論與理學中的河圖洛書、太極圖、邵雍先天之學及皇極經世等學說給合，通過術數以演繹理學中「天地中有一太極，萬物中各有一太極」（《朱子語類》）的思想。術數理論不單已發展至十分成熟，而且也從其學理中衍生一些新的方法或理論，如《梅花易數》、《河洛理數》等。

在傳統上，術數功能往往不止於僅僅作為趨吉避凶的方術，及「能彌綸天地之道」的學問，亦有其「修心養性」的功能，「與道合一」（修道）的內涵。《素問・上古天真論》：「上古之人，其知道者，法於陰陽，和於術數。」數之意義，不單是外在的算數、歷數、氣數，而是與理學中同等的「道」、「理」--心性的功能，北宋理氣家邵雍對此多有發揮：「聖人之心，是亦數也」、「萬化萬事生乎心」、「心為太極」。《觀物外篇》：「先天之學，心法也。……蓋天地萬物之理，盡在其中矣，心一而不分，則能應萬物。」反過來說，宋代的術數理論，受到當時理學、佛道及宋易影響，認為心性本質上是等同天地之太極。天地萬物氣數規律，能通過內觀自心而有所感知，即是內心也已具備有術數的推演及預測、感知能力；相傳是邵雍所創之《梅花易數》，便是在這樣的背景下誕生。

《易・文言傳》已有「積善之家，必有餘慶；積不善之家，必有餘殃」之說，至漢代流行的災變說及讖緯說，我國數千年來都認為天災，異常天象（自然現象），皆與一國或一地的施政者失德有關；下至家族、個人之盛衰，也都與一族一人之德行修養有關。因此，我國術數中除了吉凶盛衰理數之外，人心的德行修養，也是趨吉避凶的一個關鍵因素。

術數與宗教、修道

在這種思想之下，我國術數不單只是附屬於巫術或宗教行為的方術，又往往是一種宗教的修煉手段--通過術數，以知陰陽，乃至合陰陽（道）。「其知道者，法於陰陽，和於術數。」例如，「奇門遁甲」術中，即分為「術奇門」與「法奇門」兩大類。「法奇門」中有大量道教中符籙、手印、存想、內煉的內容，是道教內丹外法的一種重要外法修煉體系。甚至在雷法一系的修煉上，亦大量應用了術數內容。此外，相術、堪輿術中也有修煉望氣（氣的形狀、顏色）的方法；堪輿家除了選擇陰陽宅之吉凶外，也有道教中選擇適合修道環境（法、財、侶、地中的地）的方法，以至通過堪輿術觀察天地山川陰陽之氣，亦成為領悟陰陽金丹大道的一途。

易學體系以外的術數與的少數民族的術數

我國術數中，也有不用或不全用易理作為其理論依據的，如揚雄的《太玄》、司馬光的《潛虛》。也有一些占卜法、雜術不屬於《易經》系統，不過對後世影響較少而已。

外來宗教及少數民族中也有不少雖受漢文化影響（如陰陽、五行、二十八宿等學說。）但仍自成系統的術數，如古代的西夏、突厥、吐魯番等占卜及星占術，藏族中有多種藏傳佛教占卜術、苯教占卜術、擇吉術、推命術、相術等；北方少數民族有薩滿教占卜術；不少少數民族如水族、白族、布朗族、佤族、彝族、苗族等，皆有占雞（卦）草卜、雞蛋卜等術，納西族的占星術、占卜術，彝族畢摩的推命術、占卜術……等等，都是屬於《易經》體系以外的術數。相對上，外國傳入的術數以及其理論，對我國術數影響更大。

曆法、推步術與外來術數的影響

我國的術數與曆法的關係非常緊密。早期的術數中，很多是利用星宿或星宿組合的位置（如某星在某州或某宮某度）付予某種吉凶意義，并據之以推演，例如歲星（木星）、月將（某月太陽所躔之宮次）等。不過，由於不同的古代曆法推步的誤差及歲差的問題，若干年後，其術數所用之星辰的位置，已與真實星辰的位置不一樣了；此如歲星（木星），早期的曆法及術數以十二年為一周期（以應地支），與木星真實周期十一點八六年，每幾十年便錯一宮。後來術家又設一「太歲」的假想星體來解決，是歲星運行的相反，週期亦剛好是十二年。而術數中的神煞，很多即是根據太歲的位置而定。又如六壬術中的「月將」，原是立春節氣後太陽躔娵訾之次而稱作「登明亥將」，至宋代，因歲差的關係，要到雨水節氣後太陽才躔娵訾之次，當時沈括提出了修正，但明清時六壬術中「月將」仍然沿用宋代沈括修正的起法沒有再修正。

由於以真實星象周期的推步術是非常繁複，而且古代星象推步術本身亦有不少誤差，大多數術數除依曆書保留了太陽（節氣）、太陰（月相）的簡單宮次計算外，漸漸形成根據干支、日月等的各自起例，以起出其他具有不同含義的眾多假想星象及神煞系統。唐宋以後，我國絕大部分術數都主要沿用這一系統，也出現了不少完全脫離真實星象的術數，如《子平術》、《紫微斗數》、《鐵版神數》等。後來就連一些利用真實星辰位置的術數，如《七政四餘術》及選擇法中的《天星選擇》，也已與假想星象及神煞混合而使用了。

隨着古代外國曆（推步）、術數的傳入，如唐代傳入的印度曆法及術數，元代傳入的回回曆等，其中我國占星術便吸收了印度占星術中羅睺星、計都星等而形成四餘星，又通過阿拉伯占星術而吸收了其中來自希臘、巴比倫占星術的黃道十二宮、四大（四元素）學說（地、水、火、風），並與我國傳統的二十八宿、五行說、神煞系統並存而形成《七政四餘術》。此外，一些術數中的北斗星名，不用我國傳統的星名：天樞、天璇、天璣、天權、玉衡、開陽、搖光，而是使用來自印度梵文所譯的：貪狼、巨門、祿存、文曲，廉貞、武曲、破軍等，此明顯是受到唐代從印度傳入的曆法及占星術所影響。如星命術中的《紫微斗數》及堪輿術中的《撼龍經》等文獻中，其星皆用印度譯名。及至清初《時憲曆》，置閏之法則改用西法「定氣」。清代以後的術數，又作過不少的調整。

此外，我國相術中的面相術、手相術，唐宋之際受印度相術影響頗大，至民國初年，又通過翻譯歐西、日本的相術書籍而大量吸收歐西相術的內容，形成了現代我國坊間流行的新式相術。

陰陽學——術數在古代、官方管理及外國的影響

術數在古代社會中一直扮演着一個非常重要的角色，影響層面不單只是某一階層、某一職業、某一年齡的人，而是上自帝王，下至普通百姓，從出生到死亡，不論是生活上的小事如洗髮、出行等，大事如建房、入伙、出兵等，從個人、家族以至國家，從天文、氣象、地理到人事、軍事，從民俗、學術到宗教，都離不開術數的應用。我國最晚在唐代開始，已把以上術數之學，稱作陰陽（學），行術數者稱陰陽人。（敦煌文書、斯四三二七唐《師師漫語話》：「以下說陰陽人謾語話」，此說法後來傳入日本，今日本人稱行術數者為「陰陽師」）。一直到了清末，欽天監中負責陰陽術數的官員中，以及民間術數之士，仍名陰陽生。

古代政府的中欽天監（司天監），除了負責天文、曆法、輿地之外，亦精通其他如星占、選擇、堪輿等術數，除在皇室人員及朝庭中應用外，也定期頒行日書、修定術數，使民間對於天文、日曆用事吉凶及使用其他術數時，有所依從。

我國古代政府對官方及民間陰陽學及陰陽官員，從其內容、人員的選拔、培訓、認證、考核、律法監管等，都有制度。至明清兩代，其制度更為完善、嚴格。

宋代官學之中，課程中已有陰陽學及其考試的內容。（宋徽宗崇寧三年〔一一零四年〕崇寧算學令：「諸學生習……並曆算、三式、天文書。」「諸試……三式即射覆及預占三日陰陽風雨。天文即預

定一月或一季分野災祥，並以依經備草合問為通。」

金代司天臺，從民間「草澤人」（即民間習術數人士）考試選拔：「其試之制，以《宣明曆》試推步，及《婚書》、《地理新書》試合婚、安葬，並《易》筮法，六壬課、三命、五星之術。」（《金史》卷五十一・志第三十二・選舉一）

元代為進一步加強官方陰陽學對民間的影響、管理、控制及培育，除沿襲宋代、金代在司天監掌管陰陽學及中央的官學陰陽學課程之外，更在地方上增設陰陽學課程（《元史・選舉志一》：「世祖至元二十八年夏六月始置諸路陰陽學。」）地方上也設陰陽學教授員，培育及管轄地方陰陽人。（《元史・選舉志一》：「（元仁宗）延祐初，令陰陽人依儒醫例，於路、府、州設教授員，凡陰陽人皆管轄之，而上屬於太史焉。」）自此，民間的陰陽術士（陰陽人），被納入官方的管轄之下。

至明清兩代，陰陽學制度更為完善。中央欽天監掌管陰陽學，明代地方縣設陰陽學正術，各州設陰陽學典術，各縣設陰陽學訓術。陰陽人從地方陰陽學肄業或被選拔出來後，再送到欽天監考試。（《大明會典》卷二二三：「凡天下府州縣舉到陰陽人堪任正術等官者，俱從吏部送（欽天監），考中，送回選用；不中者發回原籍為民，原保官吏治罪。」）清代大致沿用明制，凡陰陽術數之流，悉歸中央欽天監及地方陰陽官員管理、培訓、認證。至今尚有「紹興府陰陽印」、「東光縣陰陽學記」等明代銅印，及某某縣某某之清代陰陽執照等傳世。

清代欽天監漏刻科對官員要求甚為嚴格。《大清會典》「國子監」規定：「凡算學之教，設肄業生。滿洲十有二人，蒙古、漢軍各六人，於各旗官學內考取。漢十有二人，於舉人、貢監生童內考取。附學生二十四人，由欽天監選送。教以天文演算法諸書，五年學業有成，舉人引見以欽天監博士用，貢監生童以天文生補用。」學生在官學肄業、貢監生肄業或考得舉人後，經過了五年對天文、算法、陰陽學的學習，其中精通陰陽術數者，會送往漏刻科。而在欽天監供職的官員，《大清會典則例》「欽天監」規定：「本監官生三年考核一次，術業精通者，保題升用。不及者，停其升轉，再加學習。如能黽勉供職，即予開復。仍不及者，降職一等，再令學習三年，能習熟者，准予開復，仍不能者，黜退。」除定期考核以定其升用降職外，《大清律例》中對陰陽術士不準確的推斷（妄言禍福）是要治罪的。《大清律例・一七八・術七・妄言禍福》：「凡陰陽術士，不許於大小文武官員之家妄言禍福，違者杖一百。其依經推算星命卜課，不在禁限。」大小文武官員延請的陰陽術士，自然是以欽天監漏刻科官員或地方陰陽官員為主。

官方陰陽學制度也影響鄰國如朝鮮、日本、越南等地，一直到了民國時期，鄰國仍然沿用着我國的多種術數。而我國的漢族術數，在古代甚至影響遍及西夏、突厥、吐蕃、阿拉伯、印度、東南亞諸國。

術數研究

術數在我國古代社會雖然影響深遠，「是傳統中國理念中的一門科學，從傳統的陰陽、五行、九宮、八卦、河圖、洛書等觀念作大自然的研究。……傳統中國的天文學、數學、煉丹術等，要到上世紀中葉始受世界學者肯定。可是，術數還未受到應得的注意。術數在傳統中國科技史、思想史，文化史、社會史，甚至軍事史都有一定的影響。……更進一步了解術數，我們將更能了解中國歷史的全貌。」（何丙郁《術數、天文與醫學中國科技史的新視野》，香港城市大學中國文化中心。）

可是術數至今一直不受正統學界所重視，加上術家藏秘自珍，又揚言天機不可洩漏，「（術數）乃吾國科學與哲學融貫而成一種學說，數千年來傳衍嬗變，或隱或現，全賴一二有心人為之繼續維繫，賴以不絕，其中確有學術上研究之價值，非徒癡人說夢，荒誕不經之謂也。其所以至今不能在科學中成立一種地位者，實有數因。蓋古代士大夫階級目醫卜星相為九流之學，多恥道之；而發明諸大師又故為惝恍迷離之辭，以待後人探索；間有一二賢者有所發明，亦秘莫如深，既恐洩天地之秘，復恐譏為旁門左道，始終不肯公開研究，成立一有系統說明之書籍，貽之後世。故居今日而欲研究此種學術，實一極困難之事。」（民國徐樂吾《子平真詮評註》，方重審序）

現存的術數古籍，除極少數是唐、宋、元的版本外，絕大多數是明、清兩代的版本。其內容也主要是明、清兩代流行的術數，唐宋或以前的術數及其書籍，大部分均已失傳，只能從史料記載、出土文獻、敦煌遺書中稍窺一鱗半爪。

術數版本

坊間術數古籍版本，大多是晚清書坊之翻刻本及民國書賈之重排本，其中豕亥魚魯，或任意增刪，往往文意全非，以至不能卒讀。現今不論是術數愛好者，還是民俗、史學、社會、文化、版本等學術研究者，要想得一常見術數書籍的善本、原版，已經非常困難，更遑論如稿本、鈔本、孤本等珍稀版本。在文獻不足及缺乏善本的情況下，要想對術數的源流、理法、及其影響，作全面深入的研究，幾不可能。

有見及此，本叢刊編校小組經多年努力及多方協助，在海內外搜羅了二十世紀六十年代以前漢文為主的術數類善本、珍本、鈔本、孤本、稿本、批校本等數百種，精選出其中最佳版本，分別輯入兩個系列：

一、心一堂術數古籍珍本叢刊

二、心一堂術數古籍整理叢刊

前者以最新數碼（數位）技術清理、修復珍本原本的版面，更正明顯的錯訛，部分善本更以原色彩色精印，務求更勝原本。并以每百多種珍本、一百二十冊為一輯，分輯出版，以饗讀者。

後者延請、稿約有關專家、學者，以善本、珍本等作底本，參以其他版本，古籍進行審定、校勘、注釋，務求打造一最善版本，方便現代人閱讀、理解、研究等之用。

限於編校小組的水平，版本選擇及考證、文字修正、提要內容等方面，恐有疏漏及舛誤之處，懇請方家不吝指正。

心一堂術數古籍 珍本 整理 叢刊編校小組

二零零九年七月序

二零一四年九月第三次修訂

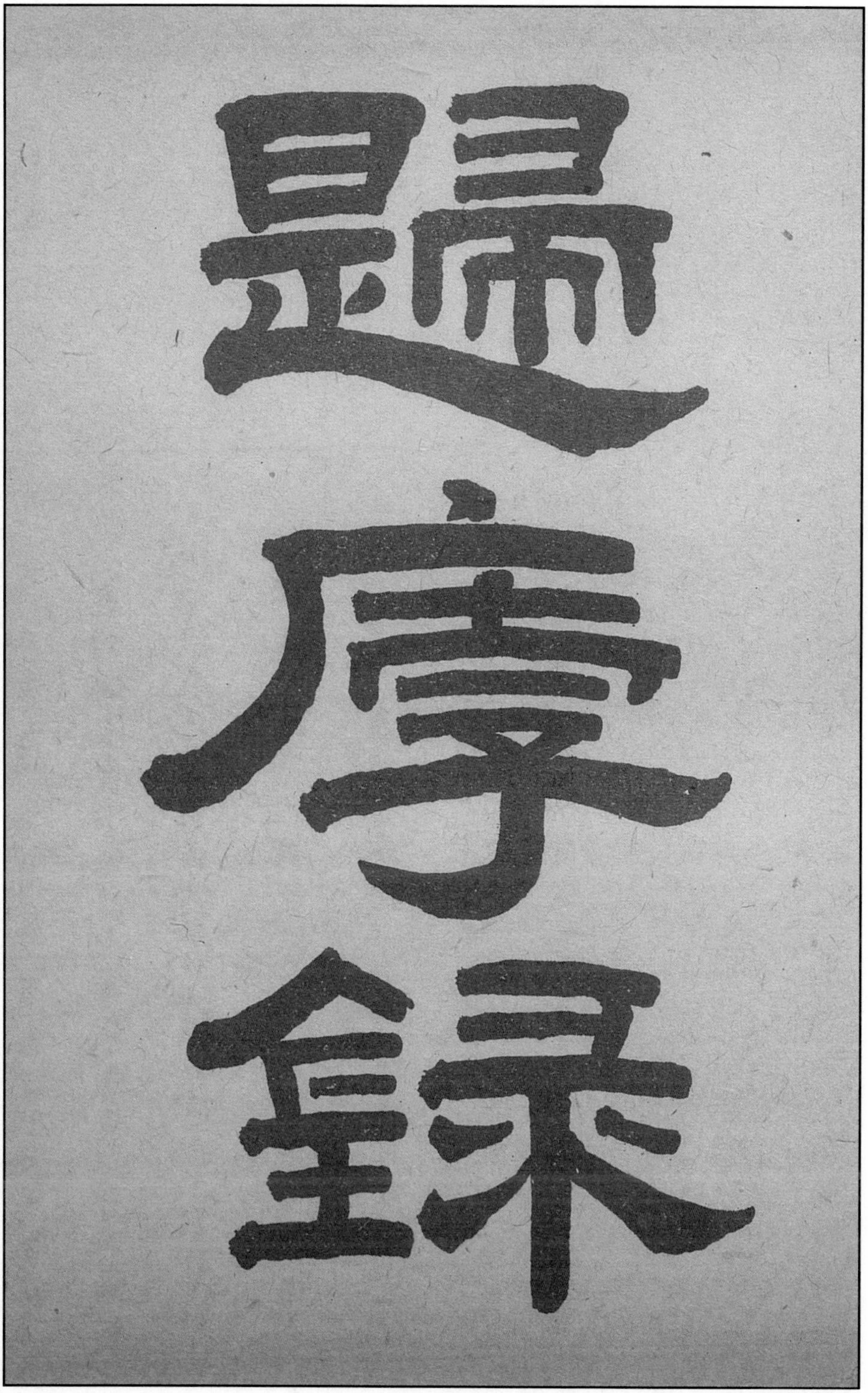
歸厚錄

棣華堂地學五種卷之八

第三種歸厚錄批論

靜海又元子元祝垚曍農氏洩秘

甥男文安靳之炘筱園參讀

門人大城傅榮昌光遠校字

歸厚錄

雲間蔣平階大鴻著

此書共十八章今錄取九章批論之其餘諸章緣不肯說明六十四卦半吐半露遂成滿紙浮詞且其義已備於前載各種故僅擇其精義純粹者錄而取之

氣化章

之圻謹按天降陽精四字即平龍之所自來

之圻謹按天地之間無非二曜環周五行相摩而已而五行相摩其中豈有衰旺得其精和而吸之自能孕育滋生如草木之秀朗愚儒不知至道自高其說不信葬法終致絕滅又有妄想之徒設謀求地不知種德同歸於昧也

一元氤氳動靜闔闢天降陽精地載陰魄陽精為氣陰魄骨宅兩儀備經五行一脉乃具三才人列地天升陽還虛留陰返泉是曰歸藏葬禮與焉苟求厚葬擇地為先地之真氣與天元符二曜周環五行相摩得元孕育反精導和久久無傷吸氣彌多子孫形質祖父育養如彼草木得地豐穰根荄膏澤枝葉秀朗其本或撥枯落夭枉吾視凶葬槨棺覆仰螻蟻窟穴寒泉搖蕩子孫衰弱宗祀絕享世有豎儒高視遠蹈不相厥宜棄親於道詎意覆宗翻成潦倒亦有狂且狎天貪昧否德不藏傍求地寶殫資傾謀終無結造

之炘謹按。大德受大地。小德受小地。不德受凶地。天理昭彰。亦是五行之順逆。為地師者。原不能假人為以背天理。

惟彼哲士。體道通元。地名法象。必曰先天。先天已立。法象自全。心為大地。詔我後賢。

此章言人身具天地陰陽五行之氣。既沒則魂升魄降。葬得其宜。朽骨得氣。陰魄常安。子孫之精神。即祖父之精神。故死者受氣。則生者榮昌。此根本枝葉一氣相通。不易之理也。古之大儒。惟以安親為本。原無邀福私心。特先靈之安與不安。無從可驗。故以子孫之隆替。卜祖宗之安危。苟不得吉壤。或致翻棺覆槨。螻蟻寒泉。豈非不孝之大者乎。然大德受大地。小德受小地。不德受凶地。天有一定

惟平常貧苦無善惡者可以法救之耳。

之理。蓋陰陽五行。一太極也。苟能修德。自得佳穴。

此又先天本原之學。立乎陰陽五行之先者也。

原註

此章首從天地氤氳陰陽闔闢說起。以見天地一體之理。為平地龍水一家。先作理伏。然後說到葬事。所關甚重。不但弱宗絕嗣。而祖父困於寒泉幽穴。靈不得安寧。孝子賢孫所不忍也。繼言哲士以安親為念。原無邀福之心。而世人竟不知種德。妄求地寶。亦必不能得。故以培養心地作結。而歸重於修德。

之炘謹按。此章先言水火二。氣升降虛玄。繼以山襯水為言。又說人工疏濬。實比性成。通章無非指示水龍來歷。全在無形。欲人領悟也。

剛柔章

稽古鴻濛。未分地天。水火二氣。升降虛元。坎離一交。乃搆坤乾。陰闔陽闢。剛柔相涵。或凝為山。或流為川。地血為水。地骨為石。葬山依骨。葬地依血。山若離骨。水泉砂礫。地若離血。瀉鹵磽确。石多則亂。水多則渙。亂石勿葬。渙水勿按。可葬之亂。亂而不攏。可按之渙。渙而不散。不攏不散。大聚之驗。骨體堅定。水脉流行。堅不可傷。流不可凝。疏瀹宣導。實比性成。言龍言脉。皆是强名。至人察之。覺照孔明。

此章言人知乾坤交而為坎離。不知混沌之先。未

之炘謹按。於此處忽提出道家二字。可見地學與丹學無二致也。

之炘謹按。雖判然二物。其氣乃交而不離。可知水與龍亦判然二物。其氣之交而不離。亦可想矣。

之炘謹按。此處明說出平洋一片有何脈息。人能於水中求龍。不以地之實處求過峽摶換。則得水龍真訣。學者何

有天地。止水火二氣。為真陰真陽升降虛無之表。隨元氣而上下。道家所謂梵氣也。此氣摩盪不已其輕清者為天。重濁者為地。所謂坎離一交而成乾坤也。然乾坤之體。雖判然二物。而乾坤之氣。則交而不離。一闔一闢。互為剛柔。剛者為山。柔者為川。石乃地之骨。水乃地之血。人稟水土之氣以生。故其死也。骨肉復還於水土。制為葬法。葬高山則石為生氣。葬平陽則水為生氣。故乘得生氣者吉。失生氣者凶也。今人但知葬來龍脈。不知高山石龍則有脈可循。平洋一片。有何脈息。只以水之流

猶不悟耶。

之炘謹按。一填一濬。即可清純龍氣。亦可移易龍氣。

之炘謹按。凡去水則勢急。急則動之機顯。故來應之龍愈靈也。

之炘謹按。真氣即前言兌氣。山平龍各不同。氣則無異。

動處即是真龍。故曰山摩以山為龍。水摩以水為龍。人能於水中求龍。不以地之實處求過峽脉息。轉闗摶換。則得平陽真訣矣。蓋山脉堅剛。一定不移。其法絲毫不可虧損。任其自然。無容勉強。水則動而不靜。流而不息。原無定質。可變吉為凶。亦可變凶為吉。大局既定。不妨小小改作。以就內局所宜。當填則填。當濬則濬。所謂裁成輔相。奪神功改天命之妙用也。且水既以動為用。理當導之使行。所以去水之地。愈去愈清。愈清愈靈。庸術不知。以蓄水為得蔭。乃從下流禁遏。尾閭不通。血脉不貫。使成死龍矣。蓋平洋惟以水為真氣。得此真氣。與

之炘謹按○天一真精○坎中真陽○與地中生陽之氣○原非二也○不過如物之此面彼面○這頭那頭○凡物轉動○此面則彼面不得不隨之轉動○牽拉這頭則那頭不得不隨之動移○平洋龍之與水○亦若是也○

之炘謹按○善讀書者○讀其所言○即知其意之所注○此篇原註○祖讀之不過節節註釋前文○家勇乃指其意注○全篇○皆是告人對水認龍之法○無非這一面說了○又從那一面說○

山之真氣○福力無異矣○天一生水○乃是坎中一點真陽○化生萬物○是故木非水不滋○金非水不清○土非水不潤○火非水不濟○五行以水為本○此即先天之妙○萬化不窮者也○平地借水而言龍脈○拘泥來崗關峽○反失其真元之氣矣○自非至人○孰能究其精奧哉○原註

此言先天只有水火二氣○升降往來○一交而成乾坤○乾坤者○天地也○天地雖分○而真氣則時時相交而不離○仍是指示天地一體之理○蓋欲人洞悉此理○方能悟徹平地對水取龍之訣○誠實不虛○決非

以致讀者遂迷其意之所注。一經家勇說破。真令人心快。

之炘謹按。二氣相見。即感即應。不容少停。無待相招。說得十分透徹。吾知愚盲讀此。亦當憬然。

之炘謹按。惟知道者。能識陰陽感應之機。

之炘謹按。一片之中。皆生陽之氣。非若山龍自高山脫下。一縷之中有氣相貫。一縷之外之氣。不得相參。故當剝換

浮空掠影。約畧以為訣也。先天水火。真陰真陽之氣。道家謂之梵氣。及至後天。則蔣子所謂生陽之氣者也。地中有生陽之氣。水中有真陰之氣。二氣相見。必即時相感相應。不容少停。無待相招。此自然而然。無或不然者也。惟此生陽之氣。本屬無形。庸師入理不深。故疑為無據。而不肯深信。故蔣子於天地一體之理。反覆諄切言之。而不厭於複者。蓋欲啟人悟機。以入於道也。然後以山剛水柔譬言。骨血。骨則有跡。血則無形。乃又實指之曰。平洋一片。有何脉息。人能就水求龍。不於地之實處求

過峽。雖斷而貫不斷。仍有一縷者沈於下而相連。雖穿沈渡水。過海過江。此一縷者不斷也。故到頭結穴。入首分明。統名曰脉。平洋一片。如何能有此者。學者當詳審以求悟也。

之圻謹按。原文說到人工疏濬。亦等天成。讀者以為只是教人修補之法。誰知仍是指示陰陽感應之機也。家勇可謂善讀書哉。

過峽脉脊。則平龍之真訣得矣。此段句句是發聾振聵之言。學者當細心領會者也。後又說到山穴。修補無益。平穴可以人工修補。與天然者無異。蔣子之意。非僅教人修補。蓋亦指示天地生陽之氣。大地一片。隨處皆是。苟能用之。招之即來。不但天然固有之水。其氣來應。即以人工疏濬一溝半港。其氣亦即時來應。如持左券也。後又言平洋以水為真氣。得此真氣。與山無異。水是天一真精。坎中真陽。五行以水為本。先天之妙。萬化不窮云云。無非欲人真知水能招攝生陽之氣以為龍。勿拘於

之炘謹按。此全節。冢勇以氣接二字統貫之。誠爲探驪得珠。

來崗闕峽以求龍。反失真元之氣。末乃歎惜而言非至人不能與於此。以反言激感之。蔣子教人之心。亦可謂至切矣。

枝幹章

水既成龍。還分幹枝。大江千里。起祖之基。百里十里。宗派流澌。一里半里。小枝之餘。氣接大幹。建國封圻。氣接小幹。公卿威儀。氣接大枝。甲第逢時。氣接小枝。富庶可期。屈曲生龍。鍾靈孕奇。勁直死龍。去如土灰。淼淼癡龍。縱福亦愚。條條現龍。雷奮雲飛。單龍生羽。自交自孳。雙龍並駕。樂得雄雌。一龍衆子。並蒂連枝。

之圻謹按。枝之細者。乃作界結穴之水。點滴爲貴。故愈細愈宜。内界之水。合成三义。以接大枝大幹。而大枝大幹之精神。皆入注於此。枝幹氣悉隨。幹氣不離也。

之圻謹按。此言以水爲龍。非言水即龍也。雖非水即是龍。乃即水即龍。水之來即龍之來。水之去即龍之去。水之轉即龍之轉。然卻非龍隨水而並來並去並轉也。如並來並

胞胎之厚。元精未虧。慎勿貪幹。幹老則危。幹復生枝。其幹乃滋。慎勿棄枝。愈細愈宜。一枝獨榮。衆枝皆榮。衆枝同榮。遠幹悉隨。幹之動處。始有枝美。枝之合處。幹氣不離。來者爲公。去者爲私。公是過客。私是主持。衆水雖聚。一水發機。發機之所。與衆不齊。名曰化氣。噓吸歸臍。微茫渺忽。太極所胚。此是元竅。妙入希夷。希夷有朕。非神莫窺。

此承上章言既以水爲龍。便分枝幹。而福力分焉。然必曲屈活動。而後謂之龍。不然雖有水而盡屬死氣。枝幹皆不可折。若半死半生。則棄死就生。亦

去並轉。則俗說之水送龍矣。豈不大悞乎。須知江南龍來江北望水在江南。龍即在對面江北。江南之水。無論來路去路。各如許長。則龍在江北之來去。亦如許長。無論來路去路。有若干轉。則龍亦若干轉。故水之得運。即龍之得運。水之出卦。即龍之出卦。然水來千里。而對面之龍。不必果有千里實地。惟只有百步實地之遠。即可以應其千里之來去折轉出卦不出卦也。凡水之折轉。有開漾透兜處。在穴上能望見者。龍即應之。即為一節之龍。未識學者能悟徹否也。

可發達。亦有大湖大蕩。畧有兜收可葬。而內氣未極深秀。砂體不甚玲瓏。謂之癡龍。但發財丁。而少俊傑。迢迢之水。有首有尾。關攔緊密。望之可見。名為現龍。遇時升騰。可以變化。單行之水。雖少輔佐。止須轉身旋遶。或別生枝節。便是羽翼。其氣自能交媾。雖單不獨。雙龍雌雄交配。久而不替。更不待言。更有一條單水。其間兜收不一。行如瓜藤。停若節苞。一地之上。或二穴三穴。不可限數。此是胎氣深厚。故養育衆多。只要各自成局。主客相應。此既能截彼亦能攔。則同扦並發。亦無減力之患。今人但

之炘謹按。老幹曠闊難收。故難取用。必生枝接氣。而後可用。蓋老中抽嫩。亦與山龍同訣。

之炘謹按。此段言有一水獨結。而後衆水皆為其用。衆枝翼衛一枝。幹水遠來迎朝。全力凝注於此。斯上等之龍。一水獨結者。即三叉認龍之一水。皆為其用其字。凝注於此此字。皆指獨結之一水言。讀此可知前說之不謬。

知幹龍之貴。不知幹老反不生育。須幹上又能生枝。然後幹氣始藉枝流融液。反能接幹之氣。不使走作。如老夫得少女。枯木生柔條。而後能懷孕產子。生花結果。小枝與幹不同。疑其氣薄力弱。不知脫卸深藏。愈細愈妙。但此三三兩兩。六六五五。等質。均不相統攝。又不能成地。必有一水獨結。而後衆水皆為其用。若能使衆枝翼衛一枝。必是極大結局。蓋遠來幹水。亦皆環遶迎朝。全力凝注在此。斯上等之龍矣。幹之動處二語。是上文慎勿貪幹四語之意。枝之合處。是上文慎勿棄枝六語之意。

之炘謹按。浜底流出之水。非三义而何。

之炘謹按。發衆水之機者。此一水也。二句當反覆潛玩。

之炘謹按。此特大特小等特字。是同中求異之義。山龍尋穴。常用此法。水龍枝水多者。亦可用此法。然即識城門一訣。則此法無所用之。亦備一說而已。

來者指通行之水而言。雖大衆亦是衆人共得之水。故曰公。公者但可備為外秀。故曰客。去者指浜底流出之水。雖一滴亦是本身元神精華妙液。緊貼我身。故曰私。私則托命於此。將此真氣。以控制八方砂水。故曰主持。由此言之。則衆水雖有大局。非此一水結局。全無靈應。然則發衆水之機者。此一水也。若此水而亦與衆水同其形勢。又安知其孰為主。孰為客哉。必也衆大特小。衆小特大。衆長特短。衆短特長。衆直特曲。衆曲特直。衆斜特正。衆冗特活。而後生氣獨聚於此。此為真龍。而餘者皆真

之炘謹按○千里百里之幹氣○接之則發大貴○十里之大枝○則發甲第○一半里之小枝○則僅發富庶○此不過就龍力之厚薄○以分等差○非即應驗如此也○如一里半里之小枝○陰注穴場之兩界○此兩界之水○或有一層○或有兩層○以迎引一里半里之枝氣入內○此等局面○亦甚可觀○若得八神齊

輔佐矣○但此水之妙○在微茫渺忽之間○即造化之太極○人生之元竅○變變化化○皆從此出○故曰化氣世目過之○迷離恍惚○無從致辨○而人確乎有可見之形○可據之理○非幻渺之談○學者神而明之可也○

原註

此言水龍亦分枝幹○大江千里為太祖○百里十里則為少祖○太祖為祖○少祖為宗○至於一里半里則為大枝小枝○氣接大幹為都郡○氣接小幹產公卿○氣接大枝出甲第○氣接小枝發富庶○言力量之有厚薄○應驗即分等差○讀者當玩其說出氣接二字○

到胎元不失，即此即可產公卿，何必千里百里之遠哉。若四世三公，則非此等局面所能到矣。

之所謹接，以百步之地，色漲千里百里之雄，一絲不能錯應。非真知道者，其孰能信之。

之所謹接，龍在對面，而外節之水亦能逆應，大小節之水

是何意旨。蓋言枝水結作都城墓宅，其源出之與大幹相接，則得氣厚而作都城；與小枝相接，則得氣薄而發富庶。此即龍長千里、龍長百里之謂也。其相接之處，即三叉城門。三叉城門為認龍定卦之所。三叉城門與大幹相接，或與大枝相接，久但見枝與幹接，枝與枝接，而不知其氣實相接也。氣既相接，則幹注於枝，無有休息，枝之氣皆幹之氣，幹之氣即枝之氣矣。其氣既聯為一，則對面之龍氣耐足，乃色漲千里百里之雄於百步之地。其水之來源，或一節，或兩節，或三四節之多，而對面

在內局兩界之外對面之龍。在兩界之內。此界水橫截外節之水。而龍亦能遙應之。甚矣天地陰陽。兩氣。相感相應。之妙且至也。不可得知矣。

之炘謹按。以氣接二字。總括全文。多少法則。一以貫之。非義精法熟。焉能道得出。

之龍氣。自與每節之卦氣相應。其出者不出卦。皆於此驗之。雖有本身橫水相截。亦無礙其相應。此平龍之秘訣。即前文氣接二字之義也。然後指出生龍死龍。癡龍現龍。單龍雙龍。以及瓜藤節苞之龍。種種異格。然總不離乎氣接二字為樞要也。繼又言慎勿貪幹。慎勿棄枝。一枝發榮。遠幹悉隨枝之合處。幹氣不離者。氣接也。來者為公。去者為私。私氣接於公。而公始為用。公為過客。私是主持。主氣接於客。而客始相親。一水發機。而噓吸歸臍。氣接之究竟也。然此氣接之所。微茫渺忽。為太極胚胎之根。豈易窺也哉。　此章原本。載有圖例數則。細按之多有未合處。反以增讀者之惑。今不錄。

胎息章

龍以幹行。穴以枝結。結龍之水。更辨胎息。幹水有息。幹氣已鍾。枝水無息。枝氣終窮。何謂息道。觀水轉環。轉處不分。元精內涵。一轉一息。一息成胎。息多胎足。磅礴雲雷。若見分流。內環外棹。滋液滲泄。物華中耗。雖有轉形。止名漏道。息道氣聚。交雄媾雌。漏道氣泄。鳳瘦鸞飢。哉此二道。龍穴安知。

上章既分龍水枝幹。此章分明枝水幹水。各有結

之炘謹按。以息漏二道定穴之結與不結。是為捷法。

之炘謹按。水脉一轉。地氣一蓄。三四轉則地氣蓄養純全。胎氣滿足。然水脉一轉。地氣在何處一蓄。三轉四轉。地氣在何處純全。充足。學者心目中自當理會。家舅云。水轉氣足。不過是水來灣曲。則龍氣冲和。對水取龍。水若直來。固嫌太暴矣。

之炘又按。此水轉氣轉之說。合下章枝幹口耳等說。當是

與不結。不得概以枝水即是結氣也。若有胎息。雖在幹水。亦為結氣。若無胎息。雖屬枝水。亦為不結。息道者。水之屈曲轉灣處也。然轉處又須毫無分行滲漏。乃為真息。蓋水脉一轉。則地氣一蓄。若有二三四轉。其地之真氣。蓄養純全。胎元滿足。葬下立發。福澤悠久。雲雷變化。定產賢才矣。若水雖曲轉。而轉角之處。分去支流。如兩路三叉。則元氣洩矣。謂之漏道。豈有龍胎乎。大都幹水行龍。須有息道而後為真龍。枝水結穴。亦須有息道。而後為真穴。小幹有胎息。亦可立穴。不必皆枝也。若無胎息。

取龍之另一格。蓋無三叉城門之正局。而只取水轉為腹穴。水止則以葬耳。葬口葬掌足。各法行之。此蓋天玉所謂本向本流。四神奇。姑畧來龍。而只論向水。為平洋結湊之局。在對水認龍之法外者也。

並不成龍。何況求穴。世人但知由水為秀。更以通流會合之處。為龍神蓄聚之鄉。終不能知息漏二義。滔滔天下。無非背脊。豈不哀哉。原註

息漏二道。為水龍最要關鍵。其云一轉一息。息多胎足。無非水來灣曲則龍氣冲和之理。若漏道則水分氣泄。安能結穴耶。

來龍章

脉就形成。穴法當明。來龍之法。宏農是程。幹龍方行。轉多氣鍾。法葬其腹。與枝同宗。最忌背脊。反畔則凶。若水太巨。雖腹蕩胸。復求枝水。輔幹奮庸。母起乳子。

之炘謹按。此章指示口耳掌足等穴。只是於是道已入精微。則隨地隨形。信手拈來。皆成妙用。蓋真知陰陽感應之妙。則舉目一見。水作如此形。即知氣必如此止。天然恰好之地。胸中了然。故就大就小。皆成妙用。若胸無主持。乃拘

釀氣更濃。枝龍息處。氣盡於首。木杪露華。花稍出壯。方葬其耳。圖葬其口。最忌額角。胡頷并咎。枝盡強直。見首方醜。求腹取裁。情觀其受。幹上小枝。掌足之形。法葬半盡。懸珠肘停。忌葬其爪。太過不寧。亦忌葬脛。不及何靈。詳求真息。三格始馨。

上章既明胎息真脈。復詳星象真形。龍穴之道。思過半矣。然其間乘龍裁穴。必有下手作用。晉宏農太守郭景純先生遺法。至今存也。其法以水之行者為龍身。以枝水止者為龍首。以枝水出口處為龍尾。以枝幹曲轉之處為龍腹背。以小枝止處短

拘按圖索驥。曰如此者為耳。如彼者為口。則死板定格。安能得陰陽變化之妙哉。

之炘謹按。枝得幹蔭。為母乳子穴。得水長于里佐君王之

淺者為龍掌足。皆因象取義。不可拘執也。幹水雖是行龍。若有幾轉。則真氣藏蓄。胎元已足。就腹立穴。與枝龍力量相等。即前章所謂幹水有息。幹氣已鍾之說也。若灣抱之外。反哭之處。象龍背脊。全無包藏充實之義。斷不可穴。穴之敗絕。然幹水下穴。兩岸相拒止十丈。左右乃可就腹取裁。若太闊二三十丈之遠。便名江湖。只可為引龍之地。不堪為結穴之區。倘就腹下穴。雖極環抱。亦不能發。所謂幹龍氣散。難求穴也。須別尋近幹枝水立穴。藏風而以幹氣為外抱。則子母相從。有乳養之義。必

義。故能産豪傑發奇英而福龐厚也。

之圻謹按。此又退出龍首。依龍腹求穴。不可拘氣盡於首之義。可見穴法百端。但求其是。此之謂君子而時中。

生豪傑。福力龐厚。非小小富貴可比數也。枝龍之所以取盡者。以其枝長大。到盡轉灣。如木杪花梢。得雨露之潤。英華發越。脈盡氣鍾。其形方者。兩旁有耳。皆可下穴。從長酌取。其形圓者。圓處有口。認定下穴。若當浜底鋒頭正中。是為龍頭。水直氣衝。浜底鋒旁兩角。是為龍角。其水偏射。背水火之交。斷不可穴。其圓水環抱之外。形象胡頷。其勢反背。如頷下逆鱗。豈可攖之。亦有枝水盡處。其勢醜拙。斜飛反攛。不成星體者。雖為龍首。須退出別求龍腹可受之處立穴。又不可拘氣盡於首之句也。吏

之圻謹按。此章直指水為龍。
亦言水而龍自在中也。水有

有幹上小枝。水道短淺。不成龍身。止作行龍掌足
而論。其立穴又不可求太盡。以水脉不遠。龍氣不
深。則正處反無力也。下穴半盡之處。是為中氣。脉
就兩平肘上懸珠。亦足取象。不可以辭害志。其太
近處為爪。曲哭處為脛。太過不及。皆不可穴也。葬
法雖有幹龍大枝小枝三格。穴法不同。然總以息
道為憑。三格皆得其平矣。原註
青囊天玉等書。其說龍字。皆無定格。時而指水言
龍。時而指龍言。龍皆活潑潑地。然却顧而易明。今
此章直指水為龍。亦古書之例。言幹水轉處為腹。

一灣○看是能收何卦之氣○水有兩灣○看是兼收何卦之氣○至三灣四灣○或一局兼收數卦之氣○若能卦氣純一○亦即可稱大局○然後按所收卦氣以配向○無論龍腹龍首○以及掌足○均能酌得其妙○

反處為背○而轉處水若太寬○亦難下穴○原註言十丈可穴○若濶二三十丈○則雖腹蕩胸不可穴矣○宜別求枝水以輔幹為母○以乳子之穴○若舍幹求枝○必求枝之盡處為龍首○乃龍之所息○如木杪花稍○含露出粒○而其形有方圓長短之別○又有口耳額角胡頷掌足脈腔之分○形方則葬耳○圓則葬口○枝盡醜惡○則葬枝之腹○小枝為掌足○葬其半○盡為肘上懸珠○至於胡頷脈腔○皆不可下穴矣○而總歸重於眞息○為下穴之準繩也○

坐向章

之所謹按○師云不知丹術○不能言地學○觀此泥丸九宮之論○愈知其信然矣○

穴以御龍○曰維三策○據水在後○騎龍之格○倚水在旁○挾龍於腋○親水面前○攀龍之脉○若逢四陽○不離繩尺○依形化裁○因勢蹈隙○上格騎龍○氣蔭腦宮○中格挾龍○脇受非空○攀龍湧泉○久久真通○二法雖亞○但貴氣融○氣融之穴○與上奇功○更有後蔭○積久無浸○我抉其微○妙義深沈○氣周八國○安取後蔭○至道根荄○遺物所禁○人稟元陽○藏神泥丸○泥丸九宮○天帝宅焉○為乾為鼎○鍊骨成仙○化及物化○魂升於天○元精未滅○天靈復旋○若求蔭頂○養魄得全○骨朽復榮○魄散再延○子若悟之○神超象先○葬邱首邱○葬流首流○山脉接首○與山比道○

之炘謹按。四隅立穴。近前為攀龍云云。即此可悟四圍皆水。中一方坪。亦可取龍也。

之炘謹按。騎龍坐水。則向中來氣。全穴後水邊。翻飛迴來。入于穴內。故曰蔭入膃宮。其貫穴之受氣。如釜中蒸物。大氣一起。則滿釜薰蒸。無分前後。無分厚薄。物熟則中邊皆

水脉接首。與水比悠。後蔭之法。近遠是斷。迴紫抱黃。
環轉効款。息道後抱。哉生月滿。漏道後抱。死魄流散。
三極一元。真胎是誕。

上章言龍穴既定。而坐向所以統御龍穴。隨形立極。亦有三焉。坐後據水為騎龍格。兩旁依水為挾龍格。穴前向水為攀龍格。若穴落四隅。因勢立向。近前者為攀龍。近左右者為挾龍。近後者為騎龍。總不出此三格也。惟騎龍穴法。後水正蔭膃宮。為最上上格。挾龍格。水在兩旁。氣左右來。正當胸脇。格法次之。攀龍格。水在穴前。氣入湧泉。其氣稍緩。

熟矣。又豈有遲速之分哉。惟平洋以坐空為正格。青囊天玉諸經。無不皆然。惟天玉於三陽畧露水向二字。以見向水之穴。亦非不合格。終不若坐空為得力也。之炘又按。北方舊墓大半皆向水之穴。坐水者百中一二。而大發富貴者亦甚不少。但悠久則鮮矣。蓋無後抱故也。向水之穴。若再得外水後抱。則衰旺疊興。故能悠久。由是推之。則坐水之穴。亦必得外水作朝作堂。方為完美也。

格法又次之。二格雖不及騎龍。只要胎息氣鍾與騎龍之格。原相伯仲。若立穴處倚水向水。而外更有後抱。即與騎龍一體。不分軒輊。發福悠久。豈有窮時。夫此穴後抱水一法。千古不傳。若論乾坤元氣周流八方。葬法隨方可取。何必獨取後蔭。蓋因人身一小天地。元神象天。乃陽神所棲。泥丸九宫。諸天帝君所都之境。丹家以首為乾為鼎。九轉丹成。陽神破頂而出。即為天仙。人之死魂升於天。亦從此出。身雖已死。而元精尚有毫髮未澌滅。潛伏天靈之內。一得天一真陽水氣灌注蔭養。天魂再

之炘謹按。坐水非受水氣爲陰。水之對面。龍氣來也。穴則來而受之耳。

之炘謹按。此言後抱外水。兜收胎息之氣二句。極有斟酌。謂後抱爲外水。則較向前之水爲遠。夫既爲向水之穴。則當立衰向。而坐山是旺氣。假始後抱之水近。則衰旺兩爭。

生。死者不死。而子孫蒙其福澤矣。若悟此道。豈非返神起死。功侔造化者乎。蓋葬法未有不歸重於天靈者。葬山則頂接山脈。而後山氣斯爲吾有。而與山比適矣。葬水則頂接水脈。而後水氣爲吾有。與水比適矣。未聞葬山者向山而穴。則知葬水而向水者皆謬也。傍水穴。氣自旁入。是從胸脇透入天靈。其情稍親。其應稍速。向水穴。氣自湧泉入。徐徐貫至天靈。其情較疎。其應較遲矣。須有後抱外水。兜收胎息之氣。則其真息之自旁而來自向而來者。一遇後抱。捲而逆上。還歸胎宇。所以與騎龍

旁亦互見矣。今言後龍為外水。則此水較遠。倘得此水並穴。有百步正神。則前後兩水。各得其宜矣。

格一體而論也。夫後蔭非穴後有水即名後蔭。須後抱。是真息之水。應哉生魄。始能發也。若後抱是漏道之水。雖其形勢似抱。空抱而已。應旁死魄。腦氣泄盡。如何可發耶。是故息道在後。漏道在前。名為坐生朝死。富貴之穴。若息道在前。漏道在後。名為坐死朝生。騎有結氣之穴。小發而已。不旋踵而衰落。驗之舊墓。無不然者。同一地也。而坐向一差。千里之謬。然則向法可不慎哉。原註

此以騎龍。挾龍。攀龍三格。論受蔭之遲速。又攀龍挾龍。貴有後蔭。則與騎龍格相等。同一悠久綿長

之炘謹按向水而又有後抱。此兩水如遠近相等。必有一水生出魁出。如立旺向則向前水魁出。立衰向則坐後水魁出。故曰後抱必在百步以外。

而後蔭尤須息道方可兜收。蓋坐後蔭者。取其氣返天靈蔭入最速。然攀龍穴法又取後蔭。此中遠近須有斟酌。必後蔭水在百步外。兜抱方可免生出魁出之弊。故原註論後抱之水。特以外字別之。大有深義也。蓋後抱在百步外。即為外水。故原註以外水言之。若前水後水遠近相等。則衰旺錯亂。吉凶並至。又何取乎後蔭哉。

來情篇

卦運真機。問厥來情。來情支幹。以類分形。幹水來去。世目易明。支水有止。來去難名。支之入口。吐納滋生。

之炘謹按。支之入口。三叉城門也。執此言來以此三叉城門為來口也。穴若來之。脈氣斯精。於此定卦也。此處若定為離卦。則是坎龍。江南龍來江北望也。支之來位。依此為準。審定支之來處。是何卦位。即依此準山向龍水。而為定法也。然後再看龍之外節。於曲折斜直之間。修短始卒之內。兩外口之去水。當以還氣論。其曲折斜直之節。亦必安於一卦之中。勿令出卦也。平洋龍法。學者尚有疑義耶。

之炘謹按。水來去是何卦。龍在對面。即應水來去對面之卦。如此則卦運真矣。

執此言來。其來始清。穴若乘之。脈氣始精。若指為去。倒置非程。幹水來離。坎龍斯出。幹水來震。兌脉不失。八卦之門。各歸本室。支之來位。依此為準。曲折得宜。斜直不一。度其修短。溯其始卒。一氣兼氣。因方定質。分元辨位。應驗可述。幹水去地。亦有還氣。還氣注蔭。與來不異。支水中停。其還旋至。候止候還。來去審記。入妙通微。始全卦義。

前言定卦審運。地氣衰旺。廢興之道。幾乎盡矣。不知運之感應。在乎卦真。卦之真偽。在乎來情。來情者。水之來去也。水之來去。即地氣之來去。故卦運

之圻謹按浜漊支水反以止處望出口為來出處望止處為去二語是蔣子獨得之秘他書皆未肯明言。

非此不真而論氣脉者所首重也立向所乘之向氣不敵水路所來之來氣善於乘氣者知來去精微則向氣又不足言矣幹水有幹水之去來支水有支水之去來幹水之去來易知而支水之去來難知今人但知水流來之方為來水流去之方為去以此概論支幹則謬矣流來為來流去為去通行幹水則然若夫浜漊停止不通之支水則反以止處望出口為來出處望止處為去蓋水之行脉與山無二山以幹之落處為來以枝之盡處為止惟水亦然自江湖溪蕩流入小支則流入之口為

之圻謹按。凡水路來坎。即為離龍。水路來離。即為坎龍。江南龍來江北望之義。直言洩之。學者豈猶執迷乎。離上有一曲折。是一節坎龍。有二曲折。是兩節坎龍。看龍外節之法。亦直言奉告。

之圻謹按。離方直來。斜左向艮止。斜右向乾止。仍是離。不有一曲折。有二曲折之義。

來。而水之盡處為止矣。故支水葬於盡處。世人以為源頭水尾。有出無入。有去無來之地。而不知乃有入無出。有來無去。真氣止息之地。所以發禍最易。而歷年亦久也。凡水路來自坎方。即為離龍。水路來自離方。即為坎龍。八卦皆然。又須備其曲折。離上有一曲折。即是一節坎龍。離上有二曲折。即是二節坎龍也。視其斜直者。若是離方來直至坎方止。則為真坎氣。若是離方直來。又斜過左邊向艮方止。即為坎龍發足。轉艮水坤龍入首矣。斜過右邊向乾方止。即為坎發足。轉乾水巽龍入首矣。

之炘謹按長短以定賓主也

之炘謹按坤方入口巽上一轉而結穴巽上一轉艮上又一轉而結穴此言曲折之大者也故當溯其始卒非另有一格

之炘謹按去水還氣亦作來水論者言當皆收清卦路不

度其修短者離路水長坤路水短即為坎氣長艮氣短矣若離路水短坤路水長又為坎氣短艮氣長矣溯其始卒者有從坤方入口又行至巽方一轉而後結穴則為外艮内乾矣有從坤方入口行至巽方一轉又行至艮方一轉而後結穴則為内坤外乾艮矣如是變局是不一端故地有一氣者有兼二氣者有兼三四氣者以其水行方位定龍之質幹以此分上中下三元辨長中少三位應時取消水無差或幹水結氣立穴之後必有去水此去水流處亦有還氣如水從巽方來又從坤方去

可出卦亦非另有一格

之圻謹按此是指明用去水之法亦與來水同例總要合卦分合出位非有他義

向南立穴則為左乾右艮矣如從巽方來又從乾方去向巽立穴則為前乾後巽矣水從巽方來又從兑方去向南立穴亦為左乾右震矣一元位上去來一元大發兩元位上去來兩元衰旺分應歷歷不爽支水如不葬盡處葬於中間則到底一節亦同去水亦作還氣論如坤水曲折而來至艮方止而就中停上立穴作為巽向是左坤右艮之局矣蓋穴迎來水為氣之止穴近去水為氣之還審其來即知氣止審其去即知氣還此章論水論止之法必須精詳變化入妙通微而後八卦之義毫

之炘謹按。情字講得真。則陰陽感應之義。不擊自破。

之炘謹按。説陰陽相應。有不可少停。不容少待。一見即來之真情。説得真切透徹。

之炘謹按。讀幹水來離句。紐心人遂真向離方去望幹水。豈不被書所愚。今家另去指支水入口言。支之入口。即是

厘辨晰。無有不全。而三元運氣興衰。亦絲髮皆照。也。原註

世間以情來感。未有不以情來應者。故真情之感至神且速。此篇以來情名篇。蓋欲人知感應之神速也。故不曰來龍。而曰來情。來水所在。其無形中之來應者。自有不可少停。不容少待之勢。而即時自來應也。支水入口。即三叉城門。此認龍定卦之所也。故原註云。卦運非此不真。論氣脈者。所首重其言幹水來離者。非直指幹水言。蓋指支來入口言也。支之入口。即幹氣入口。故直曰幹水來離也。

幹水入口。將支幹打成一片。以見支幹相連。支能迎引幹水而得其力。支雖小。原與大幹為一體。幹氣鍾於支內。故可稱千里來龍。可見讀書非細心不可。之炘謹按。此段講龍收外節之義。透徹明晰。

此水來離。即為坎龍。非水之對面認龍乎。蔣子不肯說明六十四卦。只借八卦為言。故離水即為坎龍。震水即為兌龍也。離上有一曲折者。離上透出一段水光來。即為一節坎龍。離上有二曲折者。是離上又透出二段水光來。即為二節坎龍。其言自離方來。直至坎方止。為真坎氣者。非謂一水直射而來而止也。蓋遠在離卦一節透光。又在離卦一卦之內。分支入口為城門。則坎氣真矣。其言離方直來。又斜過左邊向艮方止者。蓋遠節幹水。從離直來。透出水光。又轉向東北灣去。至艮方分支入口作城門則外節是離之對面坎龍發足又轉為艮水對面坤龍入首矣若外節自離透光直來又斜向西北灣去至乾方分支入口作城門則外節是離之對面坎龍發足又轉為乾水對面巽龍入首矣其言離路水長坤路水短為坎氣長艮氣短離路水短坤路水長又為坎氣短艮氣長者較長短以定主賓也其言從坤方入口又行至巽方一轉而後結穴者蓋坤方闊濛透光遠來入口又轉到巽方分支而入內口作為城門結穴則外節為艮龍內節為乾龍入首也其言從坤方入口行至

之新謹按。單用一運之卦為一氣。兼用二運之卦為二氣。又天元與地元可以通用。人元與父母可以通用。則三四氣矣。無論幾氣。總須合卦也。

巽方一轉。又行至艮方一轉。而後結穴者。蓋坤方闊漾透光。遠來入口。又轉到巽方一節透光。又轉到艮方分支而入內口。作為城門結穴。則外節乾艮龍。內節為坤龍入首也。其曰地有一氣者。有兼二氣者。有兼三四氣者。蓋外節一卦。中節一卦。城門入口又一卦。山向又一卦。此無論三卦四卦。總要在一卦之內。又零正分明。即為不出卦而吉也。其言去水流處。亦有還氣。如水從巽方來。又從坤方去。向南立穴。則為左乾右艮者。蓋言還氣亦從對面取龍與來水同也。下同此說。蓋此篇大旨正

之䜣謹按。傳此則諸書所言皆有用。不得此則諸書所言皆無用。故當寶之。

之䜣謹按。此仍借後天八卦為指點。以明水必對龍之義。

與曹序龍分兩片陰陽取水對三叉細認蹤。江南龍來江北望。江西龍去望江東之義。脗合。實平洋認龍秘訣。學者寶之。

注受章

乘氣之理。實水注受。親水於離。坎脉斯有。親水於兌。震氣入口。以及八宮。宮宮可剖。土雖水雄。桐為北壯。亦有變氣。以蹤奪親。浮光露影。地氣轉輪。親水在乾。蹤水坤循。內氣轉與。外氣艮遵。八宮化現。二耦三鄰。但有水現。氣即交陳。兩歧連枝。駢拇雙娠。若拈一局。失命喪身。大小輕重。又別主賓。親者宮神。蹤者煞神。

之炘謹按。動照滿照無分優劣。只以勢之強弱論勝負。

之炘謹按。正氣為變氣所奪。能轉吉為凶。亦能轉凶為吉。所關匪細。不可忽也。

照神有二。曰接斯真。滿照瀦滙。動照通津。照本賓位。宮乃主人。主勢剛健。驕客伏馴。賓勢盛大。主權不申。主賓交勁。此謝彼新。詳觀近遠。以時屈伸。乘氣之法。此論當珍。

夫八宮立局。所以乘氣而取氣之法。以貼水接脉。水氣注受。則雌雄交媾。而成穴也。貼離水為坎氣。貼兌水為震脉。八宮以例推。此定局也。亦有變氣為局者。局外時出疎遠之水。浮光露影。奪其局中之氣。如貼乾水立局。本是巽氣。而坤宮有水現。則為內巽外艮。凡八卦立一局者。有他局水現。皆能

之圻謹按。凡水皆以衆目能見。豁豁亮亮者。為有用。望之不見。吉凶不應。
之圻謹按。穴場界水。一點微

奪本宮之氣。二水三水。無不皆然。若止執近水一局而論。如兑氣而變乾。中元必衰。巽水而變兑。下元必敗。求生得死。求盛反衰。未有不失身喪命者。令人但知為合元之地。豈知有失元之氣以奪之哉。然又當權其大小輕重。以斷主賓相勝之數。蓋覩水內局。是為宮神。踈水外局。是為照神。照神亦有二等。通流曲折者為動照。蕩漾積潴者為滿照。二照力均。總以目所覩見者為真。望之不見。其力微矣。夫宮神為主。照神為賓。本是定位。然須宮神水道深濶。更是重重息道。氣聚之局。而後主勢剛

范安能深澗蓋局內中堂外堂皆為親水宮神一二里外或三四里外局大者十里外方為照神推十里外照神亦要舉目能見如在眼前之祈讀按地氣之應自近者始故近水收零神遠水收正神以待換運

健外來照神之水終是浮氣不能奪之故當主局中元不被其害若照神之氣過於宮神宮神氣又微薄弱主不能制強賓在得元之照神固為輔主運若遇失元之照神則降禍更甚於降福矣亦有宮照二神賓主齊動則一局萎謝一局更新反成三元不敗之地但須參其尺度之遠近以決發福之先後大約地氣之應自近者始宜於本元水近他元水遠然後葬下自近及遠以漸蔭發斯為順理若本元之水遠而他元之水反近則初葬之時雖有照神控制終嫌本局不得旺氣難求速效矣噫

之圻謹按。此言水能招攝地中生陽之氣。使來注於穴中。而穴受之。又透過一層立論。

之圻謹按。時師眼光太小。往往只見其近。不見其遠。因此遺誤者。不可屈指。學者所當慎也。

立局者慎勿汲汲於此。致失趨避之巧也。原註

注受者彼注此受也。近為親水。親水為宮神。遠為疎水。疎水為照神。宮神對面。龍氣來注穴則受之。照神對面。亦有龍氣來注。穴亦受之。倘零正盡合。則所注之氣純。必能應吉。若零正有合有不合。則衰旺相參。只視其力量之厚薄強弱。以定所應之吉凶。故乘氣者。既察親水之來情。以定卦立穴。猶必須著意於疎水照神。亦皆收在一卦之內。則內局外局。同為一氣。斯無生出尅出之弊。或近水得令。遠水失令。反成三元不敗之地。言此以示遠水

之圻謹按。一吸一入。亦與支水迎引幹水以接氣同義。

雖占正神。只要近水零神。力量頂得住。不但不嫌其為正神。反喜其能為預備也。

巨浸章

茫洋巨浸。四顧渚彙。雖曰癡龍。佳氣亦醞。湖蕩沼池。為子覆訓。縱不生枝。龍神蓄隱。溯其根苗。實從元運。

裁穴之法。真機要知。若穴沼池。方矩圓規。氣來其橫。中正等夷。大湖太蕩。中氣推移。測生測死。目巧是期。變化之妙。義同幹枝。眾水浩浩。一隅可吸。眾可奔趨。一隅吸入。一吸一入。眾氣皆集。水聚砂回。全湖可挹。不散不渙。真氣已蟄。乘元隂後。釀福飈急。此是真息。

之炘謹按。湖蕩池沼。又是兩等。不同一法。然果能洞徹乎陰陽之理。真明夫感應之機者。隨地可定葬法。必能用到恰好處。蓋生機所在。寓目能知。又何論江河。何論湖蕩哉。

與枝相及。若無真息。穴坐其閫。倚借外勢。望之淵淵。形與衆殊。彼嫓我妍。日與月長。福必待年。三吳江楚。大澤連綿。世家墓宅。亦產英賢。驪黃之外。用綴斯篇。

水龍之分枝幹固矣。亦有湖蕩池沼之穴。在枝幹之外。別為一種。又不可以息漏二道論胎元。亦豈容專以癡龍目之。斷其不秀耶。此等之地。雖不生枝。亦蓄真氣。只要元運合時。亦發科第。但立穴之法。自有真機。不得從散漫處隨地下穴耳。池沼與湖蕩。又是兩等。不同一法。池沼顯而易下。湖蕩隱而難扦。池沼亦要方圓成象。平正不欹。便可取裁。

若對初學說法。則不能不縷析條分。以示格局。

之炘謹按。蔣公舉此數式。欲學者自啟悟機。以明陰陽交媾之理。而得其所以然之故。然後無論見何等之地。自能

但宜從橫處受穴。不可從直處立局。如一方池。橫處看則為土象。直處看則為木象矣。圓池亦須微微橫潤。乃為金星開口。太圓則四圍無受穴處。反為頑金。從何處下手。凡池沼立穴。須在水之中氣。右左相等。平正端嚴。而後氣脈蘊蓄。若立局偏斜。或邊輕邊重。穴中即無真氣矣。大湖大蕩。葬法尤宜精密。蓋其勢散漫。雖立中正。猶難聚氣。須棄死就生。亦從枝幹之理。變化而來。但與江湖溪澗之枝幹。形象迥別耳。假外蕩潤大。而有一隅內蓄小蕩。與嚙水入口相似。又如外蕩直奔。而有一隅稍

得其恰好葬法。若僅謂舉一反三，猶是道外之語。

之妍謹擾。蔣子必親見有此等地遲而後發者，故舉以為法。

稍曲入其間，即有砂脚關攔。外來衆水即於此駐足。是即大蕩為幹，小蕩為枝，大蕩為漏道，曲入處為息道。是即龍胎，即能聚氣。若果乘元運，又有後蔭，葬下立發，豈必以湖蕩為緩局也。又有一種之地，既無内蓄小蕩，亦無曲水入口，而坐於土圩圍處，形如滿月，亦是吉象。更借外砂翼衛，望其大蕩之水，對穴淵停，雖屬通流，而因有外砂，使不見其消散。且其立穴之所，端嚴秀麗，與他處不同。移步換形，便分妍醜，則衆穴皆賤，一穴獨貴，理所必然。以其氣脉不聚，難以速效，須日積月累，穴中久久

之圻謹按。此種巧法。若真見道者。隨時隨地可自心生。否則雖耳提面命。亦未必悟到是處。

之圻謹按。家舅又提出平田滲水一層來此則北方多有蔣子或未嘗多見也。

氣足而後始應。三吳江楚。此等地局。發者甚多。下此等穴。須於牝牡驪黃之外。另有一種巧法。故特發明此篇。使學者深知妙用。不概以痴龍目之耳。

原註

湖蕩池沼之格。古書所未言。蔣子遨遊於三吳江楚之間。蓋嘗見大家巨族。多此舊扦。閱歷既多。自開頓悟。遂留此一格。以示後學。惟北方無湖蕩。故此等穴法。亦未之見。往往有平田滲水。滄漭一片。略生枝脚。而生意天然者。即湖蕩之類也。

之圻謹按平穴之異於山穴者止在坐空之一法蓋山脉一線貫注直至穴中故須循脉以來其氣平洋地氣散漫無一線貫注之脉止備幹水注入兩界灣抱兜收而幹水注入之口必開濛透光散漫之地氣見此透光之水自來相應乃遇兩界兜收之其氣遂止其所謂止者須知非止而不動乃來應之氣行到水邊不能前進不得不緣界

平地綴言

諸書論平地龍穴諸法悉備蔣子又分出平洋平陽平岡各有恰當葬法若黃河迤北千里平原則平陽之例矣夫平陽之稍異於平洋者無非在活水乾流之別至於葬法則大約相同蓋平洋以坐空為正格故須用本元旺向名曰生入合青囊曾序奧語天玉寶照諸經皆同此訣並無二法惟天玉於三陽說出水向二字似水向止得用於三陽而不得用於他處者然北方舊墓大半向水者多坐空之穴百僅一二其向水發者比比皆是惟悠久甚鮮歷觀多地其合

於龍分兩片三叉認蹤之法者固多然亦偶有顯露脉脊兩水相送到頭起頂結穴兩界分明一如山龍模樣者然其興廢隆替則仍以卦運衰旺斷之無不盡合竊觀北方地勢每於十里二十里之間則起有高脊一條俗名曰埑其寬大約一半里其長則數百里數十里不等其間亦分枝杈縱横皆有而一方村落皆居其上凡遇大窪積水之處則盡頭處也其間當其斷處或有立穴小發者大發富者亦有之惟人皆粗濁少秀蓋此必大地之行脉所以託地而不可以求穴者也又嘗見有細嫩脉脊一條遠來入某家

內而轉轉過來氣又隨來氣復轉如此不息則界內之氣盤旋厚積此即所謂止也葬乘其止故必坐空此諸經所以必以坐空為平洋定格也而獨於三陽言水向者蓋夬一陰在上陰盡則為乾乾又始生一陰而為姤三卦顛倒一氣與剝坤復相對剝一陽在上陽盡為坤坤復生一陽為復三卦亦顛倒一氣與夬乾姤相交此六卦者即邵子所謂天根月窟者也故與諸卦特異而其氣顛倒往來相交特銳而速故無待界水兜收其氣自厚乃用水向以乘之則所受之氣已厚故無煩坐空以受氣也三陽以外諸卦非不可以用水向惟交氣不能如三陽之厚則必借界

水兜收界水在前合抱勢必後高前低夫地中生陽之氣自下升上勢易自上趨下勢難幹水注入兩界其三叉在前則來應之龍氣在後在後則自上趨下而其盤旋之止氣亦在下矣故來之為難而收效必緩也此蔣子所以謂攀龍為又次格也

之炘謹按平地脈脊時亦有之更有掘土龍梗者然凡得此脈脊之地發不過丁財無一貴者可見平地得此亦不足奇也

墓後經挑河挖掘其脈入地三尺許果有土筋一條圓徑尺五六寸其質堅而潤斷之甚費力河寬二十丈兩不見頭此河工竣而某墓主人亡家敗矣此事眼見者一耳聞者二若然則北方大地中亦或有可取脈脊惟百里不能一見見亦未足為貴耳遍觀直隸名墓皆是水城結穴無一有脈脊者然亦坐實者多坐空者少任邱八大家墓惟李氏墓坐空文安四大家墓皆向水之穴霸州崔邊兩姓墓皆牤牛河之脈崔氏墓河從北直來數里左轉抱行前去十餘里交於中亭河為外口其祖穴身後坐直來之河為玄

之圻謹按。家舅批論諸書。破盡衆人疑竇。誠足快也。乃復命之圻詳讀而參攷之。之圻謹述所聞於家舅者。綴語以

武水。是為坐空。邊氏墓則向水之穴。靜海八大家墓。亦皆向水。惟敵娃禪房新塋。是坐空之穴。此地係康熙初年葬。葬後發科第翰林。府道巡撫。係酉山卯向。坐咸向損。此時先輩因念舊朝恩重。皆未應試。直至乾隆年間。將入中元後半。始得運而發。至下元尚催科第。南皮張氏塋。亦向水之穴。惟衆水皆歸城河為後蔭。高陽李氏定興鹿氏塋。亦皆向水。此外大族舊墓。皆向水者多。惟向水之穴。必立衰向。始合零正。若用坐空立旺向之法。則大誤矣。余今批論辨正疏天元歌。歸厚錄三書。於平地龍法向法。盡闡其秘。毫無

凡言外之意可否能助悟機之啟未可知也之炘謹按讀者勿視地學為小術蓋非知道者不能窺其奧也故末以推求易理為總結

遺義惟於平地無形取龍之訣反覆陳說不嫌重疊更有吾甥靳之炘補綴罅隙義尤完備學者苟能潛心探討再能於易理窺其奧竅則入道不難地學猶其淺焉者也

之炘謹按家舅扯論此書既諄諄以對水取龍示人以定法而又舉此平地脉脊而論之者非前後兩歧又教人以取脉脊之法也蓋恐讀是書者見對水取龍之法言之鑿鑿以為可信乃又見墓之有脉脊者現得小發更有大發富者將又轉信為疑仍以脉脊為可據豈知平地脉脊真者甚少若

蹈入攝脉尋龍一路。勢必望空撲影。穿鑿附會。走入迷途。終身不悟。家舅故說出此篇。言平地脉脊。非不時有。而有亦不足為貴。總當守定對水取龍之法。以為真訣。切勿惑於地中主龍等說。遂又疑對水取龍真訣。為不足據。而反入迷途。是此篇之命意也夫。

占筮類			
1	擲地金聲搜精秘訣	心一堂編	沈氏研易樓藏稀見易占秘鈔本
2	卜易拆字秘傳百日通	心一堂編	
3	易占陽宅六十四卦秘斷	心一堂編	火珠林占陽宅風水秘鈔本
星命類			
4	斗數宣微	【民國】王裁珊	民初最重要斗數著述之一；未刪改本
5	斗數觀測錄	【民國】王裁珊	失傳民初斗數重要著作
6	《地星會源》《斗數綱要》合刊	心一堂編	失傳的第三種飛星斗數
7	《斗數秘鈔》《紫微斗數之捷徑》合刊	心一堂編	珍稀「紫微斗數」舊鈔秘本
8	斗數演例	心一堂編	
9	紫微斗數全書（清初刻原本）	題【宋】陳希夷	斗數全書本來面目；有別於錯誤極多的坊本
10－12	鐵板神數（清刻足本）——附秘鈔密碼表	題【宋】邵雍	無錯漏原版秘鈔密碼表　首次公開！
13－15	蠢子數纏度	題【宋】邵雍	蠢子數連密碼表　打破數百年秘傳　首次公開！
16－19	皇極數	題【宋】邵雍	清鈔孤本附起例及完整密碼表　研究神數必讀！
20－21	邵夫子先天神數	題【宋】邵雍	附手鈔密碼表　研究神數必讀！
22	八刻分經定數（密碼表）	題【宋】邵雍	皇極數另一版本；附手鈔密碼表
23	新命理探原	【民國】袁樹珊	子平命理必讀教科書！
24－25	袁氏命譜	【民國】袁樹珊	
26	韋氏命學講義	【民國】韋千里	民初二大命理家南袁北韋
27	千里命稿	【民國】韋千里	
28	精選命理約言	【民國】韋千里	北韋之命理經典
29	滴天髓闡微——附李雨田命理初學捷徑	【民國】袁樹珊、李雨田	命理經典未刪改足本
30	段氏白話命學綱要	【民國】段方	民初命理經典最淺白易懂
31	命理用神精華	【民國】王心田	學命理者之寶鏡

32	命學探驪集	【民國】張巢雲	發前人所未發 稀見民初子平命理著作
33	澹園命談	【民國】高澹園	
34	算命一讀通——鴻福齊天	【民國】不空居士、覺先居士合纂	
35	子平玄理	【民國】施惕君	
36	星命風水秘傳百日通	心一堂編	
37	命理大四字金前定	題【晉】鬼谷子王詡	源自元代算命術
38	命理斷語義理源深	心一堂編	稀見清代批命斷語及活套
39－40	文武星案	【明】陸位	失傳四百年《張果星宗》姊妹篇 千多星盤命例 研究命學必備
相術類			
41	新相人學講義	【民國】楊叔和	失傳民初白話文相術書
42	手相學淺說	【民國】黃龍	民初中西結合手相學經典
43	大清相法	心一堂編	重現失傳經典相書
44	相法易知	心一堂編	
45	相法秘傳百日通	心一堂編	
堪輿類			
46	靈城精義箋	【清】沈竹礽	沈氏玄空遺珍 玄空風水必讀
47	地理辨正抉要	【清】沈竹礽	
48	《玄空古義四種通釋》《地理疑義答問》合刊	沈瓞民	
49	《沈氏玄空吹虀室雜存》《玄空捷訣》合刊	【民國】申聽禪	
50	漢鏡齋堪輿小識	【民國】查國珍、沈瓞民	失傳已久的無常派玄空經典
51	堪輿一覽	【清】孫竹田	
52	章仲山挨星秘訣（修定版）	【清】章仲山	章仲山無常派玄空珍秘 門內秘本首次公開
53	臨穴指南	【清】章仲山	
54	章仲山宅案附無常派玄空秘要	心一堂編	沈竹礽等大師尋覓一生未得之珍本！
55	地理辨正補	【清】朱小鶴	玄空六派蘇州派代表作
56	陽宅覺元氏新書	【清】元祝垚	簡易・有效・神驗之玄空陽宅法
57	地學鐵骨秘　附　吳師青藏命理大易數	【民國】吳師青	釋玄空廣東派地學之秘
58－61	四秘全書十二種（清刻原本）	【清】尹一勺	玄空湘楚派經典本來面目 有別於錯誤極多的坊本

62	地理辨正補註　附 元空秘旨　天元五歌　玄空精髓　心法秘訣等數種合刊	【民國】胡仲言	貫通易理、巒頭、三元、三合、天星、中醫
63	地理辨正自解	【清】李思白	公開玄空家「分率尺、工部尺、量天尺」之秘
64	許氏地理辨正釋義	【民國】許錦灝	民國易學名家黃元炳力薦
65	地理辨正天玉經內傳要訣圖解	【清】程懷榮	秘訣一語道破，圖文并茂
66	謝氏地理書	【民國】謝復	玄空體用兼備、深入淺出
67	論山水元運易理斷驗、三元氣運說附紫白訣等五種合刊	【宋】吳景鸞等	失傳古本《玄空秘旨》《紫白訣》
68	星卦奧義圖訣	【清】施安仁	三元玄空門內秘笈　清鈔孤本 過去均為必須守秘不能公開秘密 與今天流行飛星法不同
69	三元地學秘傳	【清】何文源	
70	三元玄空挨星四十八局圖說	心一堂編	
71	三元挨星秘訣仙傳	心一堂編	
72	三元地理正傳	心一堂編	
73	三元天心正運	心一堂編	
74	元空紫白陽宅秘旨	心一堂編	
75	玄空挨星秘圖　附 堪輿指迷	心一堂編	
76	姚氏地理辨正圖說　附 地理九星并挨星真訣全圖　秘傳河圖精義等數種合刊	【清】姚文田等	蓮池心法　玄空六法 門內秘鈔本首次公開
77	元空法鑑批點本——附 法鑑口授訣要、秘傳玄空三鑑奧義匯鈔　合刊	【清】曾懷玉等	
78	元空法鑑心法	【清】曾懷玉等	
79	曾懷玉增批蔣徒傳天玉經補註【新修訂版原（彩）色本】	【清】項木林、曾懷玉	
80	地理學新義	【民國】俞仁宇撰	揭開連城派風水之秘
81	地理辨正揭隱（足本）　附連城派秘鈔口訣	【民國】王邈達	
82	趙連城傳地理秘訣附雪庵和尚字字金	【明】趙連城	
83	趙連城秘傳楊公地理真訣	【明】趙連城	
84	地理法門全書	仗溪子、芝罘子	巒頭風水，內容簡核、深入淺出
85	地理方外別傳	【清】熙齋上人	巒頭形勢、「望氣」「鑑神」
86	地理輯要	【清】余鵬	集地理經典之精要
87	地理秘珍	【清】錫九氏	巒頭、三合天星，圖文並茂
88	《羅經舉要》附《附三合天機秘訣》	【清】賈長吉	清鈔孤本羅經、三合訣法圖解
89-90	嚴陵張九儀增釋地理琢玉斧巒	【清】張九儀	清初三合風水名家張九儀經典清刻原本！

91	地學形勢摘要	心一堂編	形家秘鈔珍本
92	《平洋地理入門》《巒頭圖解》合刊	【清】盧崇台	平洋水法、形家秘本
93	《鑒水極玄經》《秘授水法》合刊	【唐】司馬頭陀、【清】鮑湘襟	千古之秘，不可妄傳匪人
94	平洋地理闡秘	心一堂編	雲間三元平洋形法秘鈔珍本
95	地經圖說	【清】余九皋	形勢理氣、精繪圖文
96	司馬頭陀地鉗	【唐】司馬頭陀	流傳極稀《地鉗》
97	欽天監地理醒世切要辨論	【清】欽天監	公開清代皇室御用風水真本
三式類			
98-99	大六壬尋源二種	【清】張純照	六壬入門、占課指南
100	六壬教科六壬鑰	【民國】蔣問天	由淺入深，首尾悉備
101	壬課總訣	心一堂編	過去術家不外傳的珍稀六壬術秘鈔本
102	六壬秘斷	心一堂編	
103	大六壬類闡	心一堂編	
104	六壬秘笈——韋千里占卜講義	【民國】韋千里	六壬入門必備
105	壬學述古	【民國】曹仁麟	依法占之，「無不神驗」
106	奇門揭要	心一堂編	集「法奇門」、「術奇門」精要
107	奇門行軍要略	【清】劉文瀾	條理清晰、簡明易用
108	奇門大宗直旨	劉毗	天下孤本　首次公開
109	奇門三奇干支神應	馮繼明	虛白廬藏本《秘藏遁甲天機》
110	奇門仙機	題【漢】張子房	奇門不傳之秘　應驗如神
111	奇門心法秘纂	題【漢】韓信（淮陰侯）	
112	奇門廬中闡秘	題【三國】諸葛武侯註	
選擇類			
113-114	儀度六壬選日要訣	【清】張九儀	清初三合風水名家張九儀擇日秘傳
115	天元選擇辨正	【清】一園主人	釋蔣大鴻天元選擇法
其他類			
116	述卜筮星相學	【民國】袁樹珊	民初二大命理家南袁北韋
117-120	中國歷代卜人傳	【民國】袁樹珊	南袁之術數經典

占筮類			
121	卜易指南（二種）	【清】張孝宜	民國經典，補《增刪卜易》之不足
122	未來先知秘術——文王神課	【民國】張了凡	內容淺白、言簡意賅、條理分明
星命類			
123	人的運氣	汪季高（雙桐館主）	五六十年香港報章專欄結集！
124	命理尋源	【民國】徐樂吾	民國三大子平命理家徐樂吾必讀經典！
125	訂正滴天髓徵義		
126	滴天髓補註 附 子平一得		
127	窮通寶鑑評註 附 增補月談賦 四書子平		
128	古今名人命鑑		
129-130	紫微斗數捷覽（明刊孤本）［原（彩）色本］附 點校本（上）（下）	馮一、心一堂術數古籍整理編校小組 整理	明刊孤本 首次公開！
131	命學金聲	【民國】黃雲樵	民國名人八字、六壬奇門推命
132	命數叢譚	【民國】張雲溪	子平斗數共通、百多民國名人命例
133	定命錄	【民國】張一蟠	民國名人八十三命例詳細生平
134	《子平命術要訣》《知命篇》合刊	【民國】鄒文耀、【民國】胡仲言撰	《子平命術要訣》科學命理；《知命篇》易理皇極、命理地理、奇門六壬互通
135	科學方式命理學	閻德潤博士	匯通八字、中醫、科學原理！
136	八字提要	韋千里	民國三大子平命理家韋千里必讀經典！
137	子平實驗錄	【民國】孟耐園	作者四十多年經驗 占卜奇靈 名震全國！
138	民國偉人星命錄	【民國】囂囂子	幾乎包括所民初總統及國務總理八字！
139	千里命鈔	韋千里	失傳民初三大命理家-韋千里 代表作
140	斗數命理新篇	張開卷	現代流行的「紫微斗數」內容及形式上深受本書影響
141	哲理電氣命數學——子平部	【民國】彭仕勛	命局按三等九級格局、不同術數互通借用
142	《人鑑——命理存驗・命理擷要》（原版足本）附《林庚白家傳》	【民國】林庚白	傳統子平學修正及革新、大量名人名例
143	《命學苑苑刊——新命》（第一集）附《名造評案》《名造類編》等	【民國】林庚白、張一蟠等撰	史上首個以「唯物史觀」來革新子平命學結集
相術類			
144	中西相人探原	【民國】袁樹珊	按人生百歲，所行部位，分類詳載
145	新相術	【美國】李拉克福原著、【民國】沈有乾編譯	通過觀察人的面相身形、色澤舉止等，得知性情、能力、習慣、優缺點等
146	骨相學	【民國】風萍生編著	結合醫學中生理及心理學，影響近代西、日、中相術深遠
147	人心觀破術 附運命與天稟	【日本】管原如庵、加藤孤雁原著，【民國】唐真如譯	觀破人心、運命與天稟的奧妙

148	《人相學之新研究》《看相偶述》合刊	盧毅安	集中外大成，無不奇驗；影響近代香港相術名著
149	冰鑑集	【民國】碧湖鷗客	各家相法精華、相術捷徑、圖文並茂附名人照片
150	《現代人相百面觀》《相人新法》合刊	【民國】吳道子輯	失傳民初相學經典二種　重現人間！
151	性相論	【民國】余晉龢	民初北平公安局專論相學與犯罪專著（犯罪學生物學派）
152	《相法講義》《相理秘旨》合刊	韋千里、孟瘦梅	命理學大家韋千里經典、傳統相術秘籍精華
153	《掌形哲學》附《世界名人掌形》《小傳》	【民國】余萍客	圖文并茂、附歐美名人掌形圖及生平簡介
154	觀察術	【民國】吳貴長	可補充傳統相術之不足
堪輿類			
155	羅經消納正宗	【明】沈昇撰、【明】史自成、丁孟章合纂	失傳四庫存目珍稀風水古籍
156	風水正原	【清】余天藻	●積德為求地之本，形家必讀！ ●純宗形家，與清代欽天監地理風水主張大致相同
157	安溪地話（風水正原二集）		
158	《蔣子挨星圖》附《玉鑰匙》	傳【清】蔣大鴻等	窺知無常派章仲山一脈真傳奧秘
159	樓宇寶鑑	吳師青	陽宅風水必讀、現代城市樓宇風水看法改革
160	《香港山脈形勢論》《如何應用日景羅經》合刊		香港風水山脈形勢專著
161	三元真諦稿本——讀地理辨正指南	【民國】王元極	被譽為蔣大鴻、章仲山後第一人 內容直接了當，盡揭三元玄空家之秘
162	三元陽宅萃篇		
163	王元極增批地理冰海　附批點原本地理冰海	【清】高守中【民國】王元極	
164	地理辨正發微	【清】唐南雅	極之清楚明白，披肝露膽
165-167	增廣沈氏玄空學　附　仲山宅斷秘繪稿本三種、自得齋地理叢說稿鈔本（上）（中）（下）	【清】沈竹礽	玄空必讀經典！附《仲山宅斷》幾種鈔本及批點本，畫龍點睛、披肝露膽，道中刊印本未點破的秘訣
168-169	巒頭指迷（上）（下）	【清】尹貞夫原著、【民國】何廷珊增訂、批注	圖文并茂：龍、砂、穴、水、星辰九十九變 洩漏天機：蔣大鴻、賴布衣挨星秘訣及用法
170-171	三元地理真傳（兩種）（上）（下）	【清】趙文鳴	蔣大鴻嫡派真傳張仲馨一脈二十種家傳秘本、宅墓案例三十八圖，並附天星擇日
172	三元宅墓圖　附　家傳秘冊		
173	宅運撮要	【民國】尤惜陰（演本法師）、榮柏雲	撮三集《宅運新案》之精要
174	章仲山秘傳玄空斷驗筆記　附　章仲山斷宅圖註	【清】章仲山傳、【清】唐鷺亭纂	無常派玄空不外傳秘中秘！二宅實例有斷驗及改造內容
175	汪氏地理辨正發微　附　地理辨正真本	【清】蔣大鴻、姜垚原著、【清】汪云吾發微	蔣大鴻嫡派張仲馨一脈三元理、法、訣具體泄露 三百年來最佳《地理辨正》註解！石破天驚！
176	蔣大鴻家傳歸厚錄汪氏圖解	【清】蔣大鴻、【清】汪云吾圖解	
177	蔣大鴻嫡傳三元地理秘書十一種批注	【清】蔣大鴻原著、【清】汪云吾、【清】劉樂山註	

178	《星氣(卦)通義(蔣大鴻秘本四十八局圖并打劫法)》《天驚秘訣》合刊	題【清】蔣大鴻 著	江西興國真傳三元風水秘本
179	蔣大鴻嫡傳天心相宅秘訣全圖附陽宅指南等秘書五種	【清】蔣大鴻編訂、【清】汪云吾、劉樂山註	蔣大鴻徒張仲馨秘傳陽宅風水「教科書」！
180	家傳三元地理秘書十三種		真天宮之秘 千金不易之寶
181	章仲山門內秘傳《堪輿奇書》附《天心正運》	【清】章仲山傳、【清】華湛恩	直洩無常派章仲山玄空風水不傳之秘
182	《挨星金口訣》、《王元極增批補圖七十二葬法訂本》合刊	[民國]王元極	秘中秘——玄空挨星真訣公開！字字千金！
183-184	《家傳三元古今名墓圖集附謝氏水鉗》《蔣氏三元名墓圖集》合刊(上)(下)	(清)孫景堂，劉樂山，張稼夫	蔣大鴻嫡傳風水宅案、幕講師、蔣大鴻、姜垚等名家多個實例，破禁公開！
185-186	《山洋指迷》足本兩種 附《尋龍歌》(上)(下)	【明】周景一	風水巒頭形家必讀《山洋指迷》足本！
187-196	蔣大鴻嫡傳水龍經注解 附 虛白廬藏珍本水龍經四種(1-10)	【清】蔣大鴻編訂、【清】楊臥雲、汪云吾、劉樂山註	蔣大鴻嫡傳一脈授徒秘笈 希世之寶 千年以來，師師相授之秘旨，破禁公開！完整了解蔣氏嫡派真傳一脈三元理、法、訣！附已知最古《水龍經》鈔本等五種稀見《水龍經》
197	批注地理辨正直解	【清】章仲山	無常派玄空必讀經典未刪改本！
198	《天元五歌闡義》附《元空秘旨》(清刻原本)		
199	心眼指要(清刻原本)		
200	華氏天心正運	【清】華湛恩	
201-202	批注地理辨正再辨直解合編(上)(下)	【清】蔣大鴻原著、【清】姚銘三再註、【清】章仲山直解	失傳姚銘三玄空經典重現人間！名家：沈竹礽、王元極推薦！
203	章仲山注《玄機賦》《元空秘旨》附《口訣中秘訣》《因象求義》等九種合刊	【清】章仲山	近三百年來首次公開！章仲山無常派玄空秘密，和盤托出！
204	章仲山門內真傳《三元九運挨星篇》《運用篇》《挨星定局篇》《口訣篇》等合刊	【清】章仲山、柯遠峰等	章仲山注《玄機賦》及章仲山原傳之口訣及筆記
205	章仲山門內真傳《大玄空秘圖訣》《天驚訣》《飛星要訣》《九星斷略》《得益錄》等合刊	【清】章仲山、冬園子等	
206	撼龍經真義	吳師青註	近代香港名家吳師青必讀經典
207	章仲山嫡傳《翻卦挨星圖》《秘鈔元空秘旨》附《秘鈔天元五歌闡義》	【清】章仲山傳、【清】王介如輯撰	透露章仲山家傳玄空嫡傳學習次弟及關鍵不傳之秘
208	章仲山嫡傳秘鈔《秘圖》《節錄心眼指要》合刊		
209	《談氏三元地理大玄空實驗》附《談養吾秘稿奇門占驗》	【民國】談養吾撰	史上首次公開「無常派」下卦起星等挨星秘密之書
210	《談氏三元地理濟世淺言》附《打開一條生路》		了解談氏入世的易學卦德爻象思想
211-215	《地理辨正集註》附《六法金鎖秘》《巒頭指迷真詮》《作法雜綴》等(1-5)	【清】尋緣居士	集《地理辨正》一百零八家註解大成精華 匯巒頭及蔣氏、六法、無常、湘楚等秘本 史上最大篇幅的《地理辨正》註解
216	三元大玄空地理二宅實驗(足本修正版)	【民國】尤惜陰(演本法師)、榮柏雲撰	三元玄空無常派必讀經典足本修正版

217	蔣徒呂相烈傳《幕講度針》附《元空秘斷》《陰陽法竅》《挨星作用》	【清】呂相烈	蔣大鴻門人呂相烈三元秘本三百年來首次破禁公開！
218	挨星撮要（蔣徒呂相烈傳）		揭開沈氏玄空挨星五行吉凶斷的變化及不同用法
219－221	《沈氏玄空挨星圖》《沈註章仲山宅斷未定稿》《沈氏玄空學（四卷原本）》合刊（上中下）	【清】沈竹礽 等	章仲山宅斷未刪本、沈氏玄空學原本佚文、玄空挨星圖稿鈔本 大公開！
222	地理穿透真傳（虛白廬藏清初刻原本）	【清】張九儀	三合天星家宗師張九儀畢生地學精華結集
223－224	地理元合會通二種（上）（下）	【清】姚炳奎	分發兩家（三元、三合）之秘，會通其用詳解注羅盤（蔣盤、賴盤）；義理、斷驗俱精
其他類			
225	天運占星學 附 商業周期、股市粹言	吳師青	天星預測股市，神準經典
226	易元會運	馬翰如	《皇極經世》配卦以推演世運與國運
三式類			
227	大六壬指南（清初木刻五卷足本）		六壬學占驗課案必讀經典海內善本
228－229	甲遁真授秘集（批注本）（上）（下）	【清】薛鳳祚	明清皇家欽天監秘傳奇門遁甲 奇門、易經、皇極經世結合經典
230	奇門詮正	【民國】曹仁麟	簡易、明白、實用，無師自通！
231	大六壬採源	【民國】袁樹珊	民初三大命理家袁樹珊研究六壬四十餘年代表作
232	遁甲釋要	【民國】徐昂	推衍遁甲、易學、洛書九宮大義！
233	《六壬卦課》《河洛數釋》《演玄》合刊		疏理六壬、河洛數、太玄隱義！
234	六壬指南（【民國】黃企喬）	【民國】黃企喬	失傳經典 大量實例
選擇類			
235	王元極校補天元選擇辨正	原【清】謝少暉輯、【民國】王元極校補	三元地理天星選日必讀
236	王元極選擇辨真全書 附 秘鈔風水選擇訣	【民國】王元極	王元極天昌館選擇之要旨
237	蔣大鴻嫡傳天星選擇秘書注解三種	【清】蔣大鴻編訂、【清】楊臥雲、汪云吾、劉樂山註	蔣大鴻陰陽二宅天星擇日日課案例！
238	增補選吉採源	【民國】袁樹珊	按表檢查，按圖索驥：簡易、實用！
239	《八風考略》《九宮撰略》《九宮考辨》合刊	沈瓞民	會通沈氏玄空飛星立極、配卦深義
其他類			
240	《中國原子哲學》附《易世》《易命》	馬翰如	國運、世運的推演及預言